AF312239

SOCIÉTÉ GÉNÉRALE DE LIBRAIRIE CATHOLIQUE

76, Rue des Saints-Pères. — PARIS

CATALOGUE

DE

LIVRES DE FONDS

ET, EN NOMBRE

QUATRIÈME PARTIE

dont la vente aura lieu

En vertu d'une ordonnance de M. le Juge-Commissaire en date du 13 Nov. 1893

LES LUNDI 19 et MARDI 20 FÉVRIER 1894

à **2** heures précises

A LA SOCIÉTÉ GÉNÉRALE DE LIBRAIRIE CATHOLIQUE

76, Rue des Saints-Pères, Paris

H. CAMPAGNE	**MM. Em. PAUL, L. HUARD**
Courtier Assermenté	**& GUILLEMIN**
9, Rue du Trésor	Libraires-Experts
	28, Rue des Bons-Enfants

Les Libraires chargés de la vente rempliront les commissions

des personnes qui ne pourront y assister

EXPOSITION LES VENDREDI 16 ET SAMEDI 17 FÉVRIER, DE 2 A 4 HEURES

CLAUSES ET CONDITIONS DE LA VENTE

Tous les **ouvrages** annoncés sont en feuilles, sauf indication contraire. Le **nombre des couvertures n'est pas rigoureusement garanti.**

1º Ces marchandises seront vendues au plus offrant et dernier enchérisseur ivrables dans les Magasins où elles se trouvent, visibles deux jours avant la vente. Aussi les acquéreurs ne pourront-ils prétendre à aucune réclamation pour quelque câuse que ce soit.

2º Les enchères et le lotissement seront fixés au moment de la vente.

3º L'adjudicataire paiera comptant, sans escompte, chez le courtier, 9, rue du Trésor, le principal, ainsi que les frais réglés à 1 fr. 15 c. par 100 fr., soit 15 c. pour droits d'enregistrement et 1 fr. pour courtage.

4º Faute par l'Adjudicataire de prendre livraison dans les trois jours de la vente, la marchandise sera revendue à sa folle enchère, à ses risques et périls, trois jours après la sommation qui lui aura été faite de recevoir et sans qu'il soit besoin de jugement.

5º Les frais de magasinage sont dûs a partir du troisième jour de la vente.

6º Aucune réclamation pour quelque cause que ce soit ne sera acceptée après la livraison des marchandises.

7º Pour les ouvrages décrits séparément un exemplaire sera mis aux enchères à charge par l'acquéreur de prendre au prix d'adjudication du dit exemplaire les volumes annoncés. Les ouvrages groupés sous un même numéro pourront être divisés,

Signé : **H. CAMPAGNE**

Courtier de Marchandises Assermenté au Tribunal
de Commerce de la Seine,

9, rue du Trésor,
(26, rue Vieille-du-Temple)

Paris, le 12 Février 1894

Les acheteurs devront verser une provision aussitôt l'adjudication prononcée

Le Catalogue se trouve : 1º Chez M. **H. Campagne** courtier assermenté, 9, rue du Trésor, (26, rue Vieille-du-Temple).

2º Chez MM. **Em. Paul, L. Huard et Guillemin,** libraires-experts, 28, rue des Bons-Enfants.

3º A la Chambre Syndicale des Courtiers à la Bourse du Commerce.

CATALOGUE

DES PUBLICATIONS

DE LA

Société Générale

DE LIBRAIRIE CATHOLIQUE

QUATRIÈME PARTIE

592. **Acta** S. S. D. N. Pii P. P. IX. Editus die viii dec. MDCCCLXIV. In-8.   4 »

> 325 exemplaires br

593. **Analyse** des phénomènes économiques. 2 vol. in-8. 12 »

> 35 exemplaires br.

594. **Aquin** (Saint-Thomas d'). De veritate catholicæ fidei contra Gentiles libri quatuor, in-8.   6 »

> 38 exemplaire br.

595. **Arnaud** (Lazare). Preuves de la Religion, in-18.   2 »

> 430 exemplaires br

596. **Aubineau** (Léon). La R. M. Javouhey fondatrice des religieuses Saint-Joseph de Cluny, in-12.   1 25

> 1,837 exemplaires dont 32 br.

597. — Regard en arrière. Récits et souvenirs, in-12.   3 »

> 172 exemplaires br.

598. **Baguenault de Puchesse.** Histoire du concile de Trente, in-8.   3 »

> 2,169 exemplaires dont 675 br.

599. **Barbier** (le R. P.) La Discipline dans quelques écoles libres, in-12.   2 »

> 315 exemplaires dont 71 br.

600. **Barbier de Montault** (Mgr). Ouvrages sur les Pèlerinages :

> 1,267 volumes divers, savoir :
>
> 1° MANUEL des pèlerinages, in-18.   1 25
>
> 850 exemplaires br.
>
> 2° RECUEIL de prières pour les pèlerinages, In-18.   1 25
>
> 417 exemplaires br.

601. **Beaulieu** (Ch. de). Le Choléra, remèdes préventifs surnaturels et naturels, in-18.   0 25

> 5,185 exemplaires br.

602. **Bellomayre** (de). Brochures de polémique :

> 1,410 brochures, savoir :
>
> 1° LIBERTÉ (la) de l'Enseignement et l'Université, in-18.   0 60
>
> 340 exemplaires br.
>
> 2° RÉSISTANCE légale aux décrets du 29 mars, in-18.   0 10
>
> 1,100 exemplaires br.

603. **Beluze.** Petit examen de conscience d'un catholique, in-32.   0 05

> 2,165 exemplaires br.

604. **Bernard** (Fernand). Ouvrages divers :

> 1,2478 brochures, savoir :
>
> 1° CE QUE doit savoir un électeur, br. in-32.   0 10
>
> 11,168 exemplaires br.
>
> 2° CHARGES d'un contribuable avant et depuis 1789, br. in-18.   0 60
>
> 1,310 exemplaires br.

605. **Berteaud** (Mgr). L'Infaillibilité, in-32.　　　0 25

　　1,490 exemplaires br.

606. **Blanc** (Hippolyte). Lectures sur la géographie commer-
　　ciale et industrielle, fort vol. in-12.　　　2　»

　　1,865 exemplaires, dont 595 br.

607. **Blot** (le P.). Un Mois au Jardin des Olives, in-18.　1　»

　　1,900 exemplaires dont 161 br.

608. — Ouvrages divers :

　　5,340 brochures, savoir :

　　1° COMMUNION (la) réparatrice en union avec Marie, in-32
　　　　　　　　　　　　　　　　　　　　0 15
　　3,620 exemplaires br.

　　2° MESSE (la Sainte) réparatrice, 13e édition, in-32.　　0 05
　　1,720 exemplaires dont 520 br.

609. **Bossuet**. Discours sur l'histoire universelle, notes de
　　M. Jeannin, in-12.　　　2 50

　　1,812 exemplaires, dont 75 cart.

610. **Bouniol** (Bathild). Ouvrages divers :

　　1,196 brochures ou volumes divers, savoir :

　　1° COMTE (le) de Chambord, suivi d'un mot sur la République,
　　in-12　　　　　　　　　　　　　　　0 25

　　1,156 exemplaires br.

　　2° POISON (le) au rabais, in-12　　　　　　0 60
　　40 exemplaires br.

611. **Bourgeau** (l'abbé). La Conversation chrétienne dans la
　　bonne compagnie, in-12.　　　2　»

　　195 exemplaires br.

612. **Brochard** (Dr). Des Bains de mer chez les enfants, in-12.
　　　　　　　　　　　　　　　　　　2 50
　　349 exemplaires br.

613. **Broeckaert** (le R. P.). Ouvrages divers :

　　401 volumes, savoir :

　　1° AVENT (l'), le Carême et le chemin de la Croix, in-18.　0 10
　　194 exemplaires br.

2° Discours choisis de Cicéron analysés et annotés, 2 vol.
in-12.   2 50

80 exemplaires br.

3° Fait (le) divin, étude de l'Église catholique. in-8.   2 »»

93 exemplaires br.

4° Narrations et discours tirés des grands historiens latins
avec leurs analyses, in-18.   3 50

4 exemplaires br.

5° Recueil (petit) de litttérature, in-12.   1 25

30 exemplaires br.

614. Broglie (l'abbé de). Le Positivisme et la science expé-
rimentale, 2 vol. in-8; chaque   .   7 50

1,575 volumes, dont 218 br., savoir : 769 exemplaires du
tome I et 706 du tome II.

615. Brun (Félix). Ouvrages divers.

3,288 brochures, savoir :

1° Projet de loi contre les congrégations religieuses, in-32
                                                         0 10
1,088 exemplaires br.

2° Vie (la) privée des paysans au moyen-âge et sous l'ancien
régime, in-18.   0 60

2 200 exemplaires br.

616. Buet (Charles). Le Prêtre, drame en cinq actes, édition
ornée de huit compositions de Georges Sauvage, in-8.
                                                         4 »»
2,250 exemplaires dont 10 br.

617. — Scènes de la vie cléricale, in-12.   3 »

1,281 exemplaires dont 19 br.

618. Buffon. Discours sur le Style ; notes par A. Rondelet,
in-12.   .   1 »

2,135 exemplaires dont 335 cart.

619. Buis (l'abbé). Une Martyre. L'année 1793. Poème, in-8.
                                                         2 »
270 exemplaires br.

620. **Casabianca** (l'abbé L.-M.). Ecrin de Notre-Dame de Lourdes, in-16.   2 »

  443 exemplaires br.

621. **Castan** (l'abbé). Le Moyen âge, comprenant les temps barbares et les temps féodaux, in-8.   6 »

  185 exemplaires br.

622. — Persécutions contre le christianisme, chûte du paganisme, in-8.   6 »

  185 exemplaires br.

623. — Saint Pierre et les temps apostoliques, fort vol. in-8.
                                 6 »

  157 exemplaires br.

624. **Caussette** (Le R.P.). Ananie, ou Guide de l'homme dans dans son retour à Dieu, in-8.   6 »

  12 exemplaires br.

625. **Ceci** et cela, idées d'un rustique, par un rural, in-12.
                                 2 »

  1,255 exemplaires dont 255 br.

526. **Chambord** (M. le Comte de). Etude politique. Correspondance de 1841 à 1871, in-18.   1 50

  683 exemplaires dont 83 br.

627. **Champeau** (le R. P.). Des Bienséances sociales, ou Traité de politesse, in-12.   2 »

  344 exemplaires dont 14 br.

628. **Chantrel**. Ouvrages divers :

  5,314 volumes divers, savoir :

  1° Fausses (les) Décrétales, in-18   0 75

  1,375 exemplaires br.

  2° Pape (le) Honorius, in-18.   0 75

  2,060 exemplaires br.

  3° Paul IV et la tyrannie papale, in-18.   0 75

  1,879 exemplaires br

629. Chassay (l'abbé). Défense du Christianisme historique, 3 vol. in-12. 9 »

215 exemplaires dont 5 br.

630. Chéruel (l'abbé). De l'Obéissance et soumission à N. S. P. le Pape, par messire Louis Abelly, évêque de Rodez (1654), publié par l'abbé Chuéruel, in-18. 2 »

640 exemplaires br.

631. Choix de bonnes lectures, Religion, Morale, Histoire, Missions, Coutumes, Géographie, Récits et Nouvelles, Poésies, Sciences et Beaux-Arts, Anecdotes, Proverbes, Pensées, etc. 14 vol. in-8. à 2 col. chaque 2 »

601 volumes divers.

632. Cicéron. Ouvrages divers :

2,040 volumes :

1° Pro Archia, avec notes par Henry, in-12. 1 50

890 exemplaires dont 150 cart.

2° De Senectute, avec notes par Aubert, in-12. 1 50

1,150 exemplaires dont 750 cart.

633. Cirot de La Ville (Mgr.). Imitation du Sacré Cœur de Jésus-Christ, in-18 1 50

1,706 exemplaires dont 56 br.

634. Clergé (le) contemporain. Brochure in-18 à 0 60

En tout 2.567 brochures ornées de portraits en photographie.

Mgr Chalandon (1.587 exemplaires dont 122 br.); Mgr. Cruice (195 exemplaires br.); Mgr Pavy (610 exemplaires dont 110 br.); Mgr Peyramale (175 exemplaires br.).

635. Clèves (l'abbé de). De l'Education chrétienne des filles, in-12. 3 »

50 exemplaires br.

636 Cloquet (l'abbé). Ouvrage divers :

2,556 brochures ou volumes divers, savoir :

1° Guide pratique pour obtenir l'indulgence du jubilé universel, in-12.   1   »

    880 exemplaires br.

   2° INDULGENCES (les) les plus faciles, in-32.   0   25

    1,580 exemplaires br.

   3° Mois des morts ; 8° édition, in-18.   0   70

    96 exemplaires dont 6 br.

637. **Concordat** (le) et la proposition Boysset, in-12.   0   25

    5,172 exemplaires br.

638. **Constant** (le P.). Le Pape et la Liberté, in-12.   2   »

    120 exemplaires br.

639. **Cotton** (Mgr). Ouvrages divers :

    2,135 brochures, savoir :

   1° LETTRE, in-32.   0   10

    2,000 exemplaires br

   2° LIBERTÉ (la) des séminaires, procès de l'évêque de Valence, in-12.   0   60

    135 exemplaires br.

640. **Croiset** (le P.). Dévotion pratique au Sacré Cœur de Jésus, in-18.   1   50

    375 exemplaires br.

641. **Cucherat.** Album-Guide des saints pèlerinages de Paray-le-Monial et de Verosvres, gr. in-8, carte et fig.   2   »

    1,432 exemplaires br.

642. — Les Saints Pélérinages de Paray-le-Monial et de Verosvres, in-12.   0   50

    1,385 exemplaires br.

643. **Cuidenzanot.** François d'Assise et son siècle, in-8.   2   »

    70 exemplaires br.

644. **Curé** (le) de Notre-Dame de Longpont et le pélerinage de Notre-Dame de Bonne-Garde, in-18.   0   25

    1,975 exemplaires br.

645. Curicque (l'abbé). Sœur Berline, la stigmatisée de Saint-Omer et ses prophéties (1800-1850), in-12.   0 40

1,680 exemplair s br.

646. — Voix prophétiques, ou apparitions et prédictions touchant les événements de la chrétienté au XIXe siècle : 4e édition, 2 vol. in-12.   6 »

115 exemplaires br.

647. Daniel (le R. P.). Le Mariage chrétien et le Code Napoléon, in-8.   2 »

905 exemplaires br.

648. Darres. Mon portefeuille. Souvenirs du noviciat de Dom Bosco, in-12.   2 50

1,180 exemplaires dont 130 br.

649. Daumas (l'abbé). Ouvrages d'éducation religieuse :

830 volumes :

1° Histoire de l'ancien et du nouveau Testament, in-12. cartes et figures.   1 40

680 exemplaires dont 180 cartonnés.

2° Manuel de Religion, d'histoire et de géographie, in-12   3 »

150 exemplaires br.

650. Demolins (Edmond). Histoire de France, 12 tomes en 6 vol. petit in-16.   3 »

80 exemplaires cartonnés.

651. — Histoire de France, depuis les premiers temps jusqu'à nos jours, 4 vol. in-12.   14 »

950 exemplaires dont 50 br.

652. Des Essarts (Alfred). La Femme sans Dieu, in-12.   2 »

976 exemplaires dont 60 br.

653. Deshaires (G.). Ouvrages divers :

1.220 volumes, savoir :

1° Décentralisation (de la) administrative, in-12   0 50
970 exemplaires br.

2° Vie (la) de Jésus, les Evangiles et M. Renan, petit in-8.
2 »

250 exemplaires br.

654. **Diodore** de Sicile. Le Proemium. Remarques de Mgr Nicolas Marini, in-8.
3 »

411 exemplaires br.

655. **Drohojowsha** (Comtesse). La Fée du logis, in-12.
2 »

597 exemplaires dont 47 br.

656. **Druon** (Mgr). Concile du Puy, in-12.
2 50

312 exemplaires br.

657. **Dupaigne.** Le Pétrole, son histoire, sa nature, ses usages et ses dangers, in-18.
0 50

1,545 exemplaires br

658. **Du Tressay** (l'abbé). Vie de Mathieu de Gruchy, in-12.
3 »

250 exemplaires br.

659. **Elections** (les) du 2 juillet 1871, principaux discours prononcés dans la vérification des pouvoirs, in-18.
0 20

1,880 exemplaires br.

660. **Emmanuel de Rennes** (le R. P.). Abrégé de la vie et du martyre des Révérends Pères Agathange de Vendôme et Cassien de Nantes, in-18.
2 50

187 exemplaires br,

661. **Eschbach** (le P.). L'Embryotomie au point de vue théologique et moral, ou Examen de la question : *S'il est permis de tuer l'enfant pour sauver la mère?* 2e édition, gr. in-8.
1 50

500 exemplaires dont 100 br.

662. — **Eucharistie** (la sainte), pensées et prières, in-48. 2 »

628 exemplaires, dont 540 br.

663. **Euripide.** Tragédies :

> 1,935 volumes :

> 1° ALCESTE, avec notes de Ch. Huit, in-12.   0 80

> 950 exemplaires, dont 250 cartonnés.

> 2° IPHIGÉNIE à Aulis, avec notes de M. Diringer, in-12.   1 »

> 985 exemplaires, dont 135 cartonnés.

664. **Faber** (Le R. P.) Vie et lettres, publiées par le R. P. J.-E. Bowden, 2 vol. in-12, avec portrait.   6 »

> 736 exemplaires br.

665. **Fava** (Mgr). Ouvrages divers:

> 694 brochures ou volumes divers savoir :

> 1° APPARITION de N.-D. de la Salette, in-12.   0 10
> 185 exemplaires br.

> 2° EXERCICES du Chemin de la Croix, orné d'un plan de Jéru-salem, in-18.   1 »

> 209 exemplaires br.

666. **Fédou.** Les Fabriques d'église en péril, in-8.   2 50

> 270 exemplaires br.

667. **Fénélon.** Lettres inédites, publiées par l'abbé Verlaque, in-8.   2 »

> 694 exemplaires dont 94 br.

668. **Féval** (Paul). La Cavalière, in-12.   3 »

> 855 exemplaires dont 155 br.

669. — Les Fanfarons du Roi, in-12.   3 »

> 90 exemplaires br.

670. — La Fontaine aux perles, in-12.   3 »

> 67 exemplaires br.

671. — L'Oncle Louis, 2 vol. in-12.   6 »

> 36 exemplaires br.

672. **Fraiche**, professeur au collège Stanislas. Algèbre et
Géométrie, classe de seconde, in-8.   2 »

    1,395 exemplaires dont 105 br.

673. — Arithmétique, Algèbre et Géométrie, pour la classe de
troisième, in-8.   3 »

    1,130 exemplaires dont 280 br.

674. — Arithmétique et Géométrie, pour la classe de quatrième, in-18.   1 50

    995 exemplaires br.

675. **Franco** (le R. P.). Catéchisme raisonné sur les Conciles,
in-12.   1 50

    510 exemplaires br.

676. **Freppel** (Mgr). Tonkin et Madagascar, Discours, in-8.
                                                1 »

    729 exemplaires br.

677. — La Vie chrétienne, in-12.   3 »

    1,843 exemplaires dont 95 br.

678. **Gaignet** (l'abbé). Douze heures de veille à la porte du
Tabernacle, suivies d'un petit mois du Sacré-Cœur,
in-18, avec encadrements rouges.   3 50

    56 exemplaires br.

679. **Gassiat** (Mgr). Ouvrages divers :

    5,882 brochures diverses, savoir :

    1° Dogme (le) de la Mort, in-12.   0 50

        238 exemplaires br.

    2° Fausse (la) conscience, in-12   0 50

        1,450 exemplaires br.

    3° Grande (la) française, in-12   0 50

        490 exemplaires br.

    4° Lac (le) de Tibériade, in-12.   0 50

        1,250 exemplaires dont 250 br.

    5° Pane Roumatye, in-8.   0 50

        29 exemplaires br.

6° SAINT-FIACRE, patron des jardiniers, in-18.   0 50

2.425 exemplaires br.

680. Gautier (Léon). Etudes et controverses historiques, in-12.   3 »

701 exemplaires dont 1 br.

681. — Voyage d'un Catholique autour de sa chambre. L'Amour chrétien dans le mariage, in-12.   3 »

632 exemplaires dont 32 br.

682. Gentelles (Mme de). Ouvrages divers :

5 910 brochures diverses, savoir :

1° ENSEIGNEMENTS (les) de Nazareth, in-18.   0 15

260 exemplaires br.

2° FEMMES (aux) françaises, appel à la prière, in-18, orné de 14 figures.   0 25

5,400 exemplaires br.

3° SOUVENEZ-VOUS des âmes du Purgatoire, in-32.   0 20

250 exemplaires br.

683. Ginon (l'abbé). Les Miracles de Lourdes et l'Examen médical du docteur P. Diday, in-18.   0 40

1,070 exemplaires br.

684. Giry (le P.). Vie de N.-S. Jésus-Christ et de la Très-Sainte-Vierge, in-12.   1 50

485 exemplaires dont 145 br.

685. Gobat (l'abbé). Ouvrages divers :

13,322 brochures ou volumes divers, savoir :

1° ANGE (l') conducteur du premier-communiant, in-18.   0 40

7,500 exemplaires br.

2° CHARITÉ (la) envers les âmes du Purgatoire, in-18.   0 80

1,042 exemplaires dont 82 br

3° EXERCICES de piété pendant la Sainte-Messe, in-18.   0 40

4,780 exemplaires br.

686. **Grande** (la) Chartreuse, par un Chartreux. *Grenoble,* 1882, in-12. 3 »

  64 exemplaires br.

687. **Grenade** (le P. Louis de). La Vertu, in-12. 2 50

  1,308 exemplaires br.

688. — La Vie de N.-S. Jésus-Christ, in-12. 2 50

  1,345 exemplaires br.

689. **Grou** (le P.). Jésus en croix, ou la Science du crucifix en forme de méditations, in-12. 1 50

  32 exemplaires br.

690. — Méditations en forme de retraite sur l'amour de Dieu, in-18. 1 75

  1,550 exemplaires.

691. **Guérin** (Mgr P.). Elévations de l'âme pieuse, in-12.

  4 »

  1,081 exemplaires br.

692. **Guibert** (le Cardinal). Lettre à M. le Président de la République, in-32 0 10

  6,880 exemplaires, dont 3,880 br.

693. **Guide** pratique du jubilé, par M. A. G. in-18, orné du portrait de S. S. Léon XIII. 0 15

  3,000 exemplaires br.

694. **Guillemin** (Alexandre). Jeanne d'Arc, poëme, in-12.

  5 »

  20 exemplaires br.

695. **Gutierre Diaz de Gamez**. Le Victorial, chronique de don Pedro Niño, comte de Buelna (1379-1449) ; traduit de l'espagnol, par Albert de Circourt, gr. in-8.

  10 »

  160 exemplaires br.

696. **Hairdet**. Le Parti de la liquidation sociale, in-8. 2 »

  1,480 exemplaires, dont 280 br.

697. **Hello** (Ernest). Contes extraordinaires, in-12. 3 »

    1,360 exemplaires dont 83 br.

698. **Henri V** et la monarchie traditionnelle, in-12. 0 30

    5,390 exemplaires br. de la présente édition et de celle à 0 fr. 50, augmentée d'un portrait.

699. **Herman** (l'abbé). Le Comte de Palestro, drame en quatre actes, in-12. 3 »

    260 exemplaires br.

700. **Hilaire** (le R. P.). Billets du tiers-ordre. (Exemples, sentences, maximes). — Environ 250 billets renfermés dans une boîte. 3 50

    489 boîtes

701. — Ouvrages sur le Tiers-Ordre :

    6,022 brochures ou volumes divers, savoir :

    1° Cérémonial du Tiers-Ordre, séculier de St-François, in-18. 0 30

    1,270 exemplaires dont 1,750 br.

    2° Liber Tertii-Ordinis. pet. in-4. 25 »

    2 exemplaires br.

    3° Vade mecum des tertiaires, in-18. 1 »

    1,750 exemplaires br.

702. **Hornstein.** L'Église enseignante ou le Pape et le Concile, in-8. 5 »

    41 exemplaires br.

703. **Huguet** (le R. P.). Ouvrages divers :

    1056 brochures ou volumes divers :

    1° Manuel (Petit) du culte perpétuel de Saint-Joseph, 3° édition, in-18. 0 05

    466 exemplaires br.

    2° Pie IX et les secrets de la Salette, in-18. 0 50

    590 exemplaires br.

704. **Jacquenet** (l'abbé). Observations critiques sur l'ouvrage intitulé : *Compendiosæ Institutiones theologicæ, ad usum Seminarii Tolosani*, in-8.   4 »

> 45 exemplaires br.

705. **Jacquin et Guesberg.** Petite encyclopédie ecclésiastique contenant ce qu'il importe le plus au curé de connaître sur la jurisprudence ecclésiastique, l'archéologie chrétienne, l'agriculture, la médecine usuelle, etc. in-8.   8 »

> 210 exemplaires br.

706. **Janus** (Robert de Bonnières). Fin de la gendarmerie, in-18.   0 50

> 2.310 exemplaires dont 1,770 br.

707. **Joly** (l'abbé). Le Règne de Jésus-Christ et la question sociale, in-12.   3 »

> 200 exemplaires br.

708. **Journée** du 30 Juin. Expulsion des Jésuites, in-12. 0 60

> 1,930 exemplaires, dont 730 br.

709. **Lachèze** (Pierre). La Perfection chrétienne d'après l'*Imitation de Jésus-Christ*, fort vol. in-12   5 »

> 100 exemplaires dont 10 br.

710. **Lacordaire** (Le P.). Correspondance inédite. 2ᵉ édition. in-8.   6 »

> 550 exemplaires.

711. **Lacoste** (A. de). Sus aux jésuites. (Sus à l'instruction, sus à la religion, sus à la liberté !) 3 brochures in-8, chaque   0 50

> 3.245 brochures, savoir : 570 exemplaires complets et 1.535 brochures diverses.

712. **Lander** (Mme Ernest **Hello**). Marguerites en fleur,
seconde édition, in-18.   2   »

> 1,735 exemplaires dont 174 br. plus 103 exemplaires incomplets de la feuille 2.

713. — Nouvelles et Récits villageois, 2ᵉ édition, in-12.   2   »

> 1,568 exemplaires dont 48 br.

714. **Laurent** (l'abbé). Ouvrages divers :

> 3,641 brochures, savoir :

> 1º A Quoi servent les Couvents ? gr. in-8.   1   » —
> 91 exemplaires br.

> 2º Œuvres (les) ouvrières devant la famille, in-32.   0 25
> 3,550 exemplaires br.

715. **Lavergne** (Mme Julie). Légendes et chroniques de
Montbriand, in-12.   3   »

> 320 exemplaires br.

716. — Légendes de Trianon, Versailles et Saint-Germain
in-12.   3   »

> 240 exemplaires.

717. **Lebrocquy.** Les Pèlerins Belges :

> 304 volumes divers, savoir :

> 1º Lourdes (A) : 2ᵉ édition : gr. in-12, avec les airs notés des
> cantiques.   2   »
> 150 exemplaires br.

> 2º Paray-le-Monial (A) ; 2ᵉ édition, gr in-18, avec les airs
> notés des cantiques.   1 50
> 154 exemplaires br.

718. **Lecoy de la Marche.** Vie de Jésus-Christ, composée au
xvᵉ siècle d'après Ludolphe le Chartreux, miniatures en camaïeu, chromolithographiées d'après le
manuscrit original, beau vol. grand in-4.   20 »

> 54 **exemplaires.**

719. **Lefortier** (l'abbé). La Saint-Barthélemy et les premières
guerres de religion, en France, 2e édition in-12. 3   »

 1,646 exemplaires dont 87 br.

720. **Lemenant des Chesnais.** La Foi catholique et les
Périls intérieurs de la France, in-8. 2   »

 438 exemplaires br.

721. **Lepelletier.** Système pénitentiaire : le Bagne, la Prison
cellulaire, la Déportation, gr. in-8. 6   »

 28 exemplaires br.

722. **Leroy** (l'abbé Louis). Philosophie catholique de l'Histoire, 2 vol. in-8. 7   »

 92 exemplaires dont 22 br.

723. **Lettres** de l'archevêque de Tours, des évêques d'Angers,
du Mans, de Nantes et de Laval à M. le Président de
la République, petit in-16. 0 10

 2,030 exemplaires br.

724. — de Jacques Bonhomme sur les choses du jour : Le
Coup de balai du Maréchal ; Le Dimanche ; Les Cléri-
caux ; Les Promesses impossibles ; Où se trouve le
bonheur ? La Dîme ; Les Journaux ; Le Cabaret. 3 brochures in-18. chaque 0   10

 12,500 lettres diverses br.

725. **Liberatore** (le R. P.). L'Eglise et l'Etat dans leurs rap-
ports mutuels, fort vol. in-8 7 50

 4 exemplaires br.

726. **Liguori** (Alphonse de). Dévotion quotidienne à Saint-
Joseph, in-32 raisin, orné d'une gravure. 0 50

 1,660 exemplaires dont 160 br.

727. **Loudun** (Eugène). Les Deux Paganismes : L'Antiquité.
In-12. 3 50

 45 exemplaires br.

728. **Loudun** (Eugène). Les Précurseurs de la Révolution,
 in-8. 3 »

> 447 exemplaires br.

729. **Ludolphe** le Chartreux. Vita Jesu Christi, in-folio, pa-
 pier vergé. 75 »

> 27 exemplaires br.

730. **Lutte** (la) Religieuse en Allemagne, par F. B., brochure
 gr. in-8. 0 50

> 2,351 exemplaires dont 1,154 br.

731. **Mach** (le R. P.). Le Trésor du prêtre, 2 forts vol. in-8.
 12 »

> 10 exemplaires br.

732. **Marc** (l'abbé). Petit Manuel liturgique, 2 vol. in-12. 7 »

> 78 exemplaires br.

733 **Margerie** (Amédée de). Ouvrages divers :

> 1,295 brochures, savoir :
>
> 1° AVANT le combat, in-18. 0 25
> 807 exemplaires br.
>
> 2° DISCOURS prononcé au banquet royaliste de Nancy, le
> 2 octobre 1881, in-18. 0 25
> 340 exemplaires br.
>
> 3° SOLUTION, gr. in-8. **1**
> 118 exemplaires br.

734. **Martial.** Aux ouvriers. Un bon moyen pour avoir de la
 chance, in-18. 0 25

> 2,370 exemplaires br.

735. **Martinet** (l'abbé A.). Institutionum theologicarum, seu
 Theologia moralis, 4 vol. in-8. Chaque 5 »

> 669 volumes, savoir 76 **exemplaires** complets et 365 **volu**
> mes divers. (Tomes I, II et III).

736. **Martinet** (l'abbé.). Ouvrages divers :

215 volumes divers, savoir :

1º Etudesur la méthode d'enseignement théologique, in-12. 2

189 exemplaires br.

2º Société (la) devant le Concile, in-12   3 »

35 exemplaires br.

737. **Massian**. Observations sur le Manuel Compayré, in-32.   0 25

5,420 exemplaires br.

738. **Maumigny** (de). Les Voix de Rome, impressions et sou-
nirs, in-12.   3 »

115 exemplaires br

739. **Mellier** (A.). Méditations sur le Sermon sur la monta-
gne, par le duc du Maine, publiées d'après un manuscrit authentique. in-8. têtes de chapitres, culs-de-lampe.   10 »

43 exemplaires br.

740. **Memor**. Catéchisme philosophique et social. in-18. 0 50

1,700 exemplaires br.

741. **Méric** (l'abbé). L'Autre Vie, 2 vol. in-8.   12 »

704 exemplaires dont 95 br.

742. — La Morale et l'Athéisme contemporain, in-12.   3 50

120 exemplaires br.

743. **Michoacan** (l'archevêque de). Défense de l'Eglise et du
clergé mexicain, in-8.   4 »

1,020 exemplaires dont 240 incomplets du titre et de la
couverture.

744. **Miracles**, apparitions, pélerinages :

1,505 brochures ou volumes divers, savoir :

1º Apparitions de la Sainte - Vierge à Kruth (Alsace),
in-12.   0 75

730 exemplaires br.

2º N.-D. DE LAUS, pélerinage pour l'Église et la France, 1873,
in-18.   0 25

75 exemplaires br.

3º RICHARD (l'abbé). L'Événement de Pontmain (Mayenne),
et le récit de plusieurs guérisons, in-18.   0 50

700 exemplaires br.

745. **Moreau** (L.). Jean-Jacques Rousseau et le siècle philo-
sophe, in-8.   5 50

884 exemplaires br.

746. **Morel** (l'abbé). Ouvrages divers :

1,022 volumes, savoir :

1º APOLOGÉTIQUE pontificale, in-12.   2   »

510 exemplaires br.

2º SUITE (la) de l'inscription de La Roche-en-Breuil, ou
preuves de l'existence du parti catholique libéral en France,
in-12.   1   »

512 exemplaires br.

747. **Mouchard** (l'abbé). Les Fêtes de Catéchisme, petits
drames. 1ʳᵉ série. Cathéchisme des filles, in-12.   3   »

291 exemplaires dont 41 br.

748. **Mougeot** (l'abbé). Vie de Saint Rossi, in-12.   3   »

1 217 exemplaires dont 129 br.

749. **Moussac** (Jean de). Les Bienfaits de la Révolution,
in-12.   2   »

895 exemplaires dont 67 br.

750. **Mun** (le comte Albert de). Discours divers :

1,197 brochures, savoir :

1º DIEU et le Roi (8 mars 1881), in-12.   0 50

285 exemplaires br.

2º PROSCRIPTION (contre la) des princes, in-8.   1   »

912 exemplaires dont 340 br.

751. Mury (l'abbé). Histoire Romaine, 2 vol. in-12, chaque.
2 50

485 volumes cartonnés, savoir 110 exemplaires du tome I
et 345 exemplaires du tome II.

752 — Résumé de l'Histoire romaine, in-12.   2   »

1,236 exemplaires dont 120 cartonnés.

753. Muzzarelli, l'Infaillibilité du pape, **in-12.**   1 50

475 exemplaires br

754. Noël (Pierre). Les Vendredis de Pierre Bernard, in-12.
2   »

990 exemplaires dont 810 br.

755. Nouet (le P.). Le Chrétien a l'Ecole du Tabernacle, in-12.
3   »

368 exemplaires br.

756. — Nouveau cours de méditations sur la Vie de N.-S.
Jésus-Christ, 2e édition, 3 vol. in-12.   10   »

57 exemplaires br.

757. — Retraite spirituelle de dix jours, in-12.   2 50

816 exemplaires br.

758. Nouvelles, poésies, etc. :

1,466 brochures, savoir ;

1° BOLLANDEN (de). La Croix et la Truelle, nouvelle populaire,
in-18.   0 50

250 exemplaires br.

2° ROUMANILLE. Les Enterre-Chiens, dialogue provençal, avec
sa traduction littérale 3e édition, in-12.   0 30

85 exemplaires br.

3° SEPTMONTS (Ch. de). Le Jour la paye, poésie, in-16   0 20
191 exemplaires br.

4° YÉNIS (Alph. d'). Hymne à Henri V, musique d'Albert
d'Olivier, gr. in-4.   0 75

940 exemplaires.

759. **Opinion** (l') de M. de Bismark sur les affaires de France, in-18.   0 10

> 3,910 exemplaires br.

760. **Orin.** La Foi vengée, ou Explication populaire de la Genèse. in-8.   3   »

> 190 exemplaires br.

761. **Overberg** (l'abbé). Manuel de religion catholique pour s'instruire soi-même et servir de guide aux catéchistes, 2 vol. in-12.   6   »

> 55 exemplaires br.

762. **Pascal.** Les Pensées, avec notes, par Jeannin, in-12. 2 50

> 125 exemplaires dont 45 br. et 205 cartonnés.

763. **Pecci** (le cardinal) (Léon XIII). L'Église et la Civilisation.

> 1,430 exemplaires dont 830 br.

764. **Péladan** (Adrien). Preuves éclatantes de la Révélation, in-12.   3 50

> 125 exemplaires br.

765. **Perriot.** L'encyclique Libertas et ses enseignements, in-8.   1 50

> 593 exemplaires dont 482 br.

766. **Perrois** (de). L'Homme et Dieu, in-8.   5   »

> 10 exemplaires br.

767. — Les Preuves de l'immortalité de l'âme, beau vol. gr. in-8.   5   »

> 80 exemplaires br.

768. **Peyre** (l'abbé). Le Livre unique des fidèles, fort vol. in-18.   3   »

> 90 exemplaires br.

769. **Philpin de Rivières.** Lieux saints inviolables et authentiques, in-12.   2   »

> 2,440 exemplaires br.

770. Plantier (Mgr). Conciles généraux et le Concile du Vatican, in-12.   2 »

     425 exemplaires br.

771. Pluot. Conférences sur le Purgatoire et le culte des morts, d'après les prédicateurs contemporains, in-12.   3 «

     83 exemplaires dont 35 br.

772. Postel (l'abbé). Le Guide angélique de la première communion et de la confirmation, in-18.   1 50

     440 exemplaires br.

773. Poulain (Auguste). Programme pour les cours de mathématiques dans les établissements d'instruction secondaire, in-8.   0 25

     2,250 exemplaires br.

774. Raime (L. de). Le Prix de la Foi, in-12.   3 »

     76 exemplaires br.

775. Rambouillet (l'abbé). Ouvrages divers :

     380 brochures ou volumes divers, savoir :

     1° ECCLÉSIASTE (l') de Salomon, traduit de l'hébreu, in-12.   1 «

     205 exemplaires br.

     2° ORTHODOXIE (l') du livre du pasteur d Hermas, in-12.   0 75

     175 exemplaires br.

776. Ramière (le P.). Les Contradictions de Monseigneur Maret, in-8.   2 »

     400 exemplaires br.

777. Ravignan (le P. de). De l'Existence et de l'Institut des Jésuites, in-18.   0 80

     1,380 exemplaires br.

778. Regnaud (l'abbé). La Franc-Maçonnerie et l'Encyclique Humanum, in-16.   0 30

     2.720 exemplaires br.

779. Regnaud (l'abbé). Ouvrages divers :

7,700 brochures ou volumes divers, savoir :

1° CHEMIN (le) de la Croix, in-18.   0 60
2,913 exemplaires dont 593 br.

2° JUBILÉ (le) de 1881, in-32.   0 30
2,517 exemplaires br.

3° JUBILÉ (le) de 1886, in-32   0 30
1,770 exemplaires br.

780. Reichensperger. L'Art gothique au XIX° siècle, in-12.
3 »
95 exemplaires br.

781. Reynaud (le P.). La Morale du Christ, in-12.   2 »
1,310 exemplaires br.

782. Reil (Marie). La Ferme du Muiceron, nouvelle, in-12.
2 »
860 exemplaires dont 60 br.

783. Riancey (Henry de). Célébrités catholiques contemporaines :

2.805 brochures, savoir :

1° DUPANLOUP (Mgr), évêque d'Orléans, gr. in-8, portrait   0 60
180 exemplaires br.

2° FÉLIX (le R. P.). gr. in-8, portrait   0 50
155 exemplaires pliés.

3° LACORDAIRE (le R. P.), gr. in-8, portrait.   0 60
500 exemplaires.

4° MONTALEMBERT (le comte de), gr. in-8, portrait   0 60
1,670 exemplaires br.

784. Ribbe (Charles de). La Famille d'après la Bible, in-16.
0 25
2,960 exemplaires br.

785. Ricard (Mgr). Ouvrages divers :

4,906 volumes, savoir :

1° AVANT et après la Sainte Communion, traduit du latin du

P. Lercari in-18.   1   »

   400 exemplaires dont 160 br.

  2° Pape (le) Léon XIII, sa vie, son élection et son couronne-
ment, in-12.   1   «

   1,505 exemplaires br.

786. **Ricard** (Mgr). Vie de Mgr de la Bouillerie, in-8.   7 50

   40 exemplaires.

787. **Rio** (A.). La Petite Chouannerie. Histoire d'un collège
breton pendant les Cent-Jours, in-12.   2   »

   1.855 exemplaires dont 33 br.

788. **Rohrbacher** (l'abbé). Histoire universelle de l'Eglise
catholique, nouvelle édition, continuée jusqu'à nos
jours, 13 vol. in-4 à 2 col.   90 »

   3 exemplaires formés avec des volumes de l'édition *Palmé*
   et de l'édition *Letouzey et Ané*.

789. **Rondelet.** Philosophie des Sciences sociales, in-12
                                      2   »

   1,406 exemplaires dont 104 br.

790. **Rouquette** (l'abbé). Le Cloitre dans le monde, in-12.
                                      2 50

   120 exemplaires br.

791. **Rozier-Coze.** Essai d'interprétation de l'Apocalypse
in-12.   2   »

   435 exemplaires br.

792. **Runeberg.** Le Roi Fialar. Les Récits du porte-drapeau
Stôl, traduit du Suédois, par A. de Géer, in-12.   2   »

   490 exemplaires br.

793. **Rupert.** Que penser et que faire ? in-12.   2   »

   492 exemplaires dont 312 br.

794. **Saint-Jure** (le P.). L'Union avec N.-S. Jésus-Christ dans
ses principaux mystères, in-18.   2   »

   556 exemplaires dont 150 br.

795. **Sales** (Saint-François de). De la Croix, grand in-16. 3 »

    2,239 exemplaires dont 14 br.

796. — Flore mystique ou la Vie chrétienne sous l'emblème des plantes, in-48 elzévirien. 2 »

    1,044 exemplaires dont 14 br.

797. — Les Larmes du Veuvage, essuyées par Saint-François de Sales, in-18. 1 »

    1,013 exemplaires dont 113 br.

798. — L'Obéissance chrétienne, grand in-16. 3 »

    2,222 exemplaires dont 72 br.

799. **Sallouy**. La Papauté et le rôle politique des temps modernes, in-12. 2 »

    543 exemplaires br.

800. **Salmon**. Les Pèlerinages des environs de Paris, in-12. 2 »

    1,677 exemplaires dont 567 br.

801. **Schouppe** (le P.). Ouvrages divers :

    248 volumes divers, savoir :

    1° Femme (la) chrétienne, in-18. 0 80

      55 exemplaires br.

    2° Manuel des directeurs de congrégations, in-12. 3 »

      17 exemplaires br.

    3° Méthode de méditation, in-18. 1 75

      122 exemplaires br.

    4° Praxis Recollectionis menstruæ, seu meditationes et lectiones piæ, in-8. 1 50

      4 exemplaires br.

    5° Prolegomena in sanctam Scripturam, in-12. 1 »

      50 exemplaires br.

802. **Ségur** (le marquis de). Ouvrages divers :

    1,822 brochures, savoir :

    1° Brevet (du) de Capacité et de la lettre d'obédience, in-18. 0 50

      1,363 exemplaires dont 715 br.

2° Concordat (le), in-32.   0 10

457 exemplaires br.

803. Semenenko. Quid Papa et quid est episcopatus ex-
æterna ac divina ratione *Romæ*, 1870, in-8.   2 »

412 exemplaires br.

804. Sénigon. Coup d'œil sur la génération des erreurs sociales et religieuses, in-12.   1 50

360 exemplaires br.

805. Séphardsy. Missel poétique, suivi de Messe de mariage,
Vêpres, Chemin de la Croix, etc., in-12.   2 »

154 exemplaires dont 29 br.

806. Smedt (le P. de). Ouvrages divers :

242 volumes, savoir :

1° Devoirs des écrivains dans les controverses contemporaines,
in-8.   1 50

220 exemplaires br.

2° Dissertationes selectæ in primam ætatem historice eccle-
siasticæ, gr. in-8.   6 »

14 exemplaires br.

3° Introductio generalis ad historiam ecclesiasticam critice
tractandam, gr. in-8.   6 »

8 exemplaires br.

807. Snieders. Sous le Grand Hêtre, suivi de l'Homme aux
marionnettes, in-12.   2 »

356 exemplaires br.

808. Sophocle. Tragédies diverses :

2,795 volumes, savoir :

1° Antigone, avec notes de M. Bierre, in-12.   1 »

300 exemplaires cartonnés

2° Œdipe roi, notes de M. Amelineau, in-12.   1 »

1,005 exemplaires dont 105 cartonnés.

3° Philoctète, avec notes de M. Bierre, in-12   1 »

1,190 exemplaires dont 200 cartonnés.

809. **Stenay** (Victor de). Derniers avis prophétiques sur la solution de la crise actuelle, le règne de l'Antechrist et la fin du monde, in-12.   2 »

> 115 exemplaires dont 115 br.

810. — La Grande crise et le grand triomphe, in-18.   0 25

> 3,880 exemplaires br

811. **Terrier de Loray**. Histoire des paysans, in-16.   0 25

> 4,200 exemplaires br.

812. **Tholon** (l'abbé). Ouvrages divers :

> 3,575 volumes, savoir :

> 1° Bienfaits de l'Eglise et de la Papauté, in-8.   1 »
>
> 90 exemplaires br

> 2° Veille (la) des événements d'après les prédictions les plus authentiques ; 22e édition ; in-12.   1 »
>
> 3,485 exemplaires br.

813. **Thomas** (l'abbé). Etudes critiques sur les origines du christianisme, gr. in-8.   6 »

> 50 exemplaires br.

814. **Tristany**. La Messe pour la Patrie, in-48.   0 60

> 1,675 exemplaires br.

815. **Turquais** (l'abbé). Le Saint-siège depuis son établissement jusqu'à nos jours, in-12.   2 »

> 490 exemplaires br.

816. **Van der Haegen**. Etudes historiques, in-12.   3 »

> 120 exemplaires br.

817. **Vanssay** (H. de). Mgr Mermillot, étude biographique et littéraire, in-12, orné d'un beau portr.   2 »

> 191 exemplaires br.

818. **Vaubert**. (le P.). Instructions sur le saint sacrifice de la messe, fort vol. in-18.   2 »

> 1,300 exemplaires br.

819. **Veuillot** (Eugène). Célébrités catholiques contemporaines :

  1,150 brochures savoir :

  1° Mérode (Mgr de). gr. in-8, portrait en photographie. 1 »
    330 exemplaires br.

  2° Ravignan et Ventura (les RR. PP.), gr. in-8 avec 2 portr.
    gr.   0 60
    820 exemplaires br.

820. — Louis Veuillot, in-8.   0 75
  2,750 exemplaires br.

821. **Veuillot** (Louis). Pie IX, br. in-12, portr.   1 »
  2,055 exemplaires br.

822. **Vidal** (Victorin). Essai d'organisation des forces conservatrices, in-12.   1 50
  1,073 exemplaires dont 375 br.

823. **Vie** du véritable serviteur de Dieu, Louis Baudouin, in-12.

                                            3 »
  70 exemplaires br.

824. — de Saint Vincent de Paul, 2 forts vol. in-12.   7 50
  12 exemplaires br.

825. **Villefranche.** Ouvrages sur les martyrs :

  3,062 volumes, savoir :

  1° Histoire des dix-neuf martyrs de Gorcum exécutés en Hollande, in-18.   0 60
    972 exemplaires br.

  2° Martyrs (les) du Japon ; 7e édition, in-18.   0 50
    2,090 exemplaires.

826. **Zigliara** (le Cardinal). Œuvres philosophiques. *Lyon,
  Ville et Perrund,* 3 vol. in-8.   18 »
  20 exemplaires br.

N° 749

Paris. — Imp. Vermorcken, 66, rue Sainte-Anne·

www.ingramcontent.com/pod-product-compliance
Ingram Content Group UK Ltd.
Pitfield, Milton Keynes, MK11 3LW, UK
UKHW031724170726
13836UKWH00001B/418